# Inhaltsverzeichnis

Liebe Kolleginnen und Kollegen .................................................. 2

**1. Didaktische und methodische Überlegungen**
   1.1. Zum Konzept ...................................................... 3
   1.2. Die Stationsarbeit ................................................. 3
      1.2.1. Organisation ............................................... 4
      1.2.2. Der Laufzettel .............................................. 5
      1.2.3. Die Stationen im Einzelnen ................................. 6
         Station 1: Der Körper des Igels ............................. 6
         Station 2: Was fressen Igel? ................................ 7
         Station 3: Die Feinde des Igels ............................. 7
         Station 4: Der Igel im Winter ............................... 8
         Station 5: Igel-Suchbild ..................................... 9
         Station 6: Igelbuch .......................................... 9
         Station 7: Basteligel ........................................ 9
      1.2.4. Reflexion ................................................. 10
   1.3. Zusatzmaterialien ............................................... 10
      1.3.1. Marzipanigel .............................................. 10
      1.3.2. Igellied: Kleine Igel schlafen gern ......................... 10
      1.3.3. Igel-Fingertheater ......................................... 10
   1.4. Einsatz von Materialien und Medien ............................. 11
   1.5. Schlussbemerkungen ........................................... 11
   Literaturverzeichnis ................................................. 11

**2. Stationsmaterialien und Kontrollblätter**
   Laufzettel ........................................................... 12
   Stationskarten ...................................................... 13
   Igelbuch-Faltanleitung ............................................... 17
   Station 1: Der Körper des Igels ..................................... 18
   Station 2: Was fressen Igel? ........................................ 22
   Station 3: Die Feinde des Igels ..................................... 26
   Station 4: Der Igel im Winter ....................................... 30
   Station 5: Igel-Suchbild ............................................. 34
   Station 6: Igelbuch ................................................. 40
   Station 7: Basteligel ................................................ 43

**3. Zusatzmaterialien**
   Marzipanigel ........................................................ 44
   Igellied: Kleine Igel schlafen gern ................................... 46
   Igellied – Lehrerseite ............................................... 47
   Igel-Fingertheater ................................................... 48

**CD-Inhalte**
- Laufzettel als editierbare Word-Vorlage (.doc)
- Stationskarten in Farbe (.pdf)
- Differenzierte Whiteboardfolien zu den Stationen 1–6 (.notebook)
  - Kopien aller Whiteboardfolien zum Ausdrucken (.pdf)
  - Infoblatt mit Hilfen und Hinweisen zu den Whiteboardfolien (.pdf)
- Bilddateien: Igelbilder und Piktogramme, jeweils in Farbe und Graustufen
- Zusatzmaterialien: Audiodatei „Kleine Igel schlafen gern" (.mp3)

# Liebe Kolleginnen und Kollegen,

gerade im Anfangsunterricht bietet sich die Arbeit mit fächerübergreifenden Inhalten und Materialien an. Im Zusammenhang mit der Einführung von Buchstaben und dem Schreib- und Lesetraining können Verknüpfungen zu anderen Lernbereichen hergestellt und so mühelos verschiedene Fächer in den Anfangsunterricht integriert werden. Erfahrungsgemäß ermöglichen gerade diese inhaltlichen Verknüpfungen einen erheblichen Lernerfolg auf verschiedenen Ebenen. Um die individuell ausgerichteten Lernprozesse der Erstklässler in einer heterogenen Lerngruppe effektiv zu fördern und sie an ein selbstgesteuertes Lernen heranzuführen, wird differenziertes Unterrichtsmaterial benötigt, das individuellen Bearbeitungsspielraum zulässt, die Kinder motiviert und die Möglichkeit bietet, in freier Form damit zu arbeiten. Je früher Kinder lernen, ihre Arbeit zu organisieren und zu gestalten, umso kürzer ist der Weg zum selbstgesteuerten Lernen. Darüber hinaus benötigen Kinder, die im Rahmen des Regionalen Integrationskonzeptes oder der Inklusion am Klassenunterricht teilnehmen, dringend Materialien, die sie nicht vom Thema und aus ihrer Lerngruppe ausschließen, sondern ihnen eine erfolgreiche Teilnahme ermöglichen.

So entstand die Idee, Materialien für fächerübergreifende und themengebundene Arbeitspläne speziell für die erste Klasse zusammenzustellen. Diese Materialien sollten folgende Kriterien erfüllen:

- qualitative oder quantitative Differenzierung in 3-facher Form
- Berücksichtigung unterschiedlicher Wahrnehmungsebenen
- mediale Vielfalt
- Anbahnung von selbstgesteuertem Lernen
- klare und verständliche Struktur
- ritualisierte Handlungsformen
- motivierende Gestaltung

Einige Jahre lang probierten wir Materialien und Systeme aus, verwarfen und überarbeiteten – immer den Fokus auf den individuellen Lernprozess unserer Schüler gerichtet. Dabei durften wir erfahren, dass ein differenzierender und möglichst offener Unterricht Lernfrust vermeiden kann und die Lernfreude steigert.

So ist die fächerübergreifende Stationsarbeit zum Thema „Igel" entstanden: eine Sammlung differenzierter, flexibel handhabbarer und überschaubarer Materialien, mit deren Unterstützung ein selbstgesteuertes Lernen schon im ersten Schulhalbjahr der Erstklässler angebahnt werden kann.

Viel Spaß beim Lernen mit dem fächerübergreifenden Igel-Arbeitsplan
wünschen Ihnen

*L. Vach   B. Lehtmets*

Liane Vach und Beatrix Lehtmets

# 1. Didaktische und methodische Überlegungen

## 1.1. Zum Konzept

Die Einführung des Buchstabens I/i erfolgt erfahrungsgemäß in den ersten Schulwochen. Schon jetzt bietet es sich – nicht zuletzt wegen des jahreszeitlichen Bezugs – an, das Thema „Igel" in den Erstunterricht zu integrieren und fächerübergreifend damit zu arbeiten.

Der Igel ist bei fast allen Kindern sehr beliebt und als wildlebendes Tier in der heimischen Umgebung bekannt. Körper und Aussehen, Lebensraum, Nahrung, Überwinterung und natürliche Feinde des Igels stellen die sachunterrichtlichen Schwerpunkte in den ersten Schulwochen dar. Übungen zur Wahrnehmungsschulung, Konzentrationsfähigkeit, Grafomotorik, Feinmotorik und zum Lesen integrieren fächerübergreifende Elemente und bieten zusätzliche Fördermöglichkeiten. Die einzelnen Bereiche, die den Fächern Sachunterricht, Deutsch und Kunst zugeordnet werden können, sollen von den Schülern[2] in

Form einer Stationsarbeit bearbeitet werden. Über den Einsatz der Zusatzmaterialien werden zusätzlich Elemente aus den Bereichen Musik und Hauswirtschaft berücksichtigt.

Einige Zusatzmaterialien sind als Lehrermaterial konzipiert und unabhängig von der Stationsarbeit nutzbar. Dazu gehören neben einem Fingerspiel, dem Igellied und der Anleitung zur Herstellung kleiner Marzipanigel auch zahlreiche Whiteboardfolien mit direktem Bezug zu den Stationen der Lernwerkstatt. Die Zusatzmaterialien können als Einstieg, Übung oder zur Ergebnissicherung verwendet werden. Grafiken in digitaler Form und ein editierbarer Laufzettel ergänzen das Materialangebot und ermöglichen eigene Gestaltungswege. Sollten Sie nicht über ein interaktives Whiteboard verfügen, finden Sie alle farbigen Whiteboardfolien auch im PDF-Format auf der beiliegenden CD.

### Tipps

Als motivierender Einstieg in das Thema „Igel" bietet sich das Vorlesen einer kleinen Geschichte zum Igel an. Ein Plüschigel oder eine Igel-Handpuppe wecken die Spielfreude und begleiten die Erstklässler durch die Einheit und die verschiedenen Stationen.
Regen Sie Ihre Schüler an, Bilder, Geschichten, Bücher und Naturmaterialien für die Lerntheke zu sammeln. Sie werden sehen: Schon in kürzester Zeit kann der Plüschigel mehrmals für den Winter zur Ruhe gebettet werden. Die Kinderfantasie ist die beste Quelle für einen großen Materialpool. Bilder zum Ausschneiden und Aufkleben bieten sich als Anlässe zum Freien Schreiben und zum Erzählen an.

## 1.2. Die Stationsarbeit

Nach der gemeinsamen Einführung in das Thema „Igel" und der Erarbeitung wesentlicher Lerninhalte in der für die Klasse gewohnten Art und Weise, wenden wir uns dem Kernstück unseres Igelprojektes zu: der Stationsarbeit. Sie dient der Übung und Festigung erworbener Lerninhalte und dem Erwerb wesentlicher methodischer Kompetenzen, die ein selbstgesteuertes Lernen fördern. Sachinformationen zu den einzelnen Elementen der Stationsarbeit finden Sie in der ausführlichen Beschreibung der einzelnen Stationen.

---

[2] Um die Lesbarkeit des Textes zu vereinfachen, wurde auf die Nennung beider Geschlechter verzichtet. Zudem wird im Folgenden für die Lehrkraft ausschließlich die weibliche Form verwendet, da in der Grundschule vornehmlich Lehrerinnen arbeiten. Selbstverständlich sind zu jeder Zeit jeweils Menschen beider Geschlechter gemeint.

# 1. Didaktische und methodische Überlegungen

## 1.2.1. Organisation

Die Kinder wählen aus verschiedenen Aufgaben und Lernangeboten und bestimmen die Reihenfolge der Bearbeitung der sieben Stationen selbst. Zu diesem Zeitpunkt können die Erstklässler, bis auf wenige Ausnahmen, noch nicht lesen und schreiben. Demzufolge müssen die Materialien und die Arbeitsanweisungen symbolisch eindeutig sein. Die Kinder lernen im Laufe der Zeit, sich die Aufgabenstellungen möglichst selbstständig zu erschließen, daher erschien uns die Verwendung einheitlicher Piktogramme sinnvoll. Das Auge 👁 symbolisiert das genaue Hinschauen sowohl bei Übungen der visuellen Wahrnehmung als auch bei der Kontrolle. Den Pinsel 🖌 verbinden die Kinder mit einem Mal- oder Nachspurauftrag, die Brille 👓 fordert sie zum Lesen auf. Der Stift ✏ zeigt ihnen eine Schreibaufgabe an, während der Stift mit Kringel ✏ zum Einkreisen auffordert. Die Schere ✂ und der Klebestift KLEBI weisen auf eine Bastelaufgabe hin. Das Puzzleteil 🧩 zeigt den Kindern, dass sie ein Puzzle zusammensetzen sollen.

Schon zu Beginn der ersten Klasse werden die Kinder damit konfrontiert, ihre Arbeitsmaterialien aus drei Niveaustufen auszuwählen. Die niedrigste Anforderungsstufe hat den Kreis ○ als Symbol, das mittlere Niveau ist durch das Quadrat ▢ und das anspruchsvollste Lernangebot durch das Dreieck △ gekennzeichnet. Diese drei geometrischen Symbole erscheinen uns wertfrei und neutral. Viele Kinder lernen mithilfe dieser Differenzierung in kurzer Zeit, ihre eigenen Fähigkeiten selbst einzuschätzen und sich dem für sie passenden Lernangebot erfolgreich zu widmen. Gewiss ist die angestrebte Selbsteinschätzung in den ersten Schulwochen kaum umsetzbar, doch im Rahmen des prozessorientierten Lernens ein erreichbares und angestrebtes mittelfristiges Ziel. Auch über die Sozialform können die Kinder meistens selbst entscheiden. Neben Einzel- und Partnerarbeit, die möglichst selbstständig erledigt werden sollten, gibt es auch genügend Gelegenheiten für das Anbahnen von Gruppenarbeit.

Sicherlich ist es sinnvoll, die Arbeit an Stationen im ersten Schuljahr sukzessive einzuführen und in überschaubaren Strukturen ablaufen zu lassen. Ritualisierte Handlungsabläufe geben Sicherheit und lassen Spielräume zu. Hierzu gehört in jedem Fall eine gemeinsame Einführung in die Stationsarbeit, in der u. a. die Bedeutung der Piktogramme erläutert wird. Stationskarten mit entsprechender Bebilderung als Orientierungshilfe finden Sie für jede der sieben Stationen in gedruckter Form im Heft und in farbiger Ausführung auf der CD. Des Weiteren sollten ein fester Zeitrahmen für die Arbeit an den Stationen und eine Reflexionsphase ritualisiert werden, in der die Möglichkeit zur Präsentation, aber auch zur kritischen „Nachlese" besteht. Gerade im Hinblick auf das prozessorientierte Lernen ist ein reflektierender Blick auf die Arbeitsphasen sehr wichtig. Für die Bearbeitung der Igel-Stationen benötigen die Kinder drei bis vier Unterrichtsstunden inklusive Einführung und Reflexion. Erfahrungsgemäß gibt es Schüler, die weniger Zeit für die Bearbeitung ihrer Aufgaben benötigen, aber auch Schüler, die in dem vorgesehenen Zeitrahmen nicht fertig werden. Leistungsstarke Schüler stellen sich sehr gerne als Stationshelfer beim White-

# 1. Didaktische und methodische Überlegungen

board bzw. Overheadprojektor zur Verfügung oder nutzen die Lerntheke, die Sie mit einem Sammelsurium an Informationsmaterialien, Spielen und Gestaltungsmöglichkeiten zur Verfügung stellen sollten. Einige Aufgaben der Stationsarbeit lassen weitere Bearbeitungsmöglichkeiten für stärkere Schüler zu, besonders im Bereich Lesen, Freies Schreiben und Gestalten. Erfahrungsgemäß bilden sich kleine Lesegruppen, in denen die eigenen Texte stolz präsentiert werden. Langsame Lerner müssen nicht alle sieben Stationen schaffen. Sie als Pädagogin haben die Möglichkeit, die Laufzettel individuell auf Ihre Schüler abzustimmen. Eine editierbare Word-Vorlage unseres Laufzettels finden Sie auf der beiliegenden CD. Oder Sie haben Mut zur Lücke und lassen es zu, dass Ihre Schüler nicht alle Stationen in dem vorgesehenen Zeitrahmen bewältigen. Wir fanden es erstaunlich, dass unsere langsamen Schüler im Laufe der Zeit immer mehr Aufgaben auf ihrem Laufzettel als erledigt und kontrolliert kennzeichnen konnten. Ihr erklärtes Ziel war einstimmig: „Beim nächsten Projekt schaffen wir alle Stationen!"

Eine Lerntheke, auf der die unterschiedlichsten Materialien präsentiert werden, übersichtlich gekennzeichnete Arbeitsstationen mit Möglichkeiten zur Selbstkontrolle und einladende Arbeitsbereiche tragen zu einer erfolgreichen Stationsarbeit bei. Bei den Stationen, an denen immer nur ein Kind oder wenige Kinder gleichzeitig arbeiten können (Whiteboard, Overheadprojektor oder Puzzlestation), haben sich Schülerlisten bewährt. Die Schüler lernen sehr schnell, wie sie den Ablauf mithilfe dieser Listen selber organisieren können, indem sie sich gegenseitig aufrufen.

## 1.2.2. Der Laufzettel

Der Laufzettel dient den Kindern als organisatorischer Rahmen und ist ein wesentliches Medium zur Dokumentation des Erlernten. Er ist sehr übersichtlich und so für die Kinder gut lesbar. Als Alternative wäre auch ein großer Laufzettel für die ganze Klasse denkbar. Anfangs benötigen die Erstklässler aber häufig noch Orientierungshilfen (Farben, Zahlen). Zu Beginn der Stationsarbeit tragen sie ihren Namen und ihre Klasse auf ihrem Laufzettel ein. Das Igelbild auf dem Laufzettel bildet inhaltlich und optisch eine Verbindung zum Thema. Im nächsten Schritt heften die Kinder den Laufzettel in ihre Stationsmappe, in der später auch alle anderen Arbeitsmaterialien zur Stationsarbeit gesammelt werden. Während der Arbeit an den sieben Stationen kennzeichnen die Schüler die erledigten Aufgaben selbstständig auf dem Laufzettel, indem sie den kleinen Igel in der rechten Spalte hinter jeder Aufgabe ausmalen. Die Aufgaben gelten erst als fertig bearbeitet, wenn durch das Kind eine Selbstkontrolle an entsprechender Stelle vorgenommen wurde. Die Kontrollblätter für Station 1 bis 6 finden Sie jeweils hinter den Materialien der entsprechenden Station.

Einige Kinder benötigen zudem noch die Lehrerrückmeldung. Hier ist es ratsam, nicht den Rotstift zu zücken, sondern gemeinsam mit dem Kind auf Fehlersuche zu gehen. Die Selbstkontrolle ist ein wesentlicher Aspekt des selbstgesteuerten Lernens. Ihre konsequente Einbindung in den Erstunterricht bewirkt eine allmähliche Hinführung zum selbstständigen Handeln.

# 1. Didaktische und methodische Überlegungen

## 1.2.3. Die Stationen im Einzelnen

### Station 1: Der Körper des Igels

**Zur Sache**

Erwachsene Stacheligel haben eine Körperlänge von 22 bis 28 cm und wiegen zwischen 800 und 1 500 g. Männchen sind im Allgemeinen schwerer als Weibchen. Igel unterscheiden sich von anderen einheimischen Tieren durch ihr Stachelkleid. Schon bei der Geburt besitzen die kleinen Igel an die 100 weiße Stacheln, wogegen ausgewachsene Igel über 6 000 bis 8 000 Stacheln verfügen.

Bei Gefahr oder Berührung rollen sich Igel mithilfe eines Ringmuskels ein und richten ihre Stacheln auf. So sind sie vor Fressfeinden geschützt.

Igel verfügen über ein gutes Gehör und einen sehr ausgeprägten Geruchssinn, was ihnen die Nahrungssuche erleichtert. Ihr Sehvermögen ist nicht besonders stark ausgeprägt (vgl. Neumeier 2008).

**Tipps**

Zunächst bietet es sich an, sich intensiver mit dem Körperbau und dem Aussehen des Igels zu beschäftigen. Dies ist ein guter Weg, um ausführlicher mit den Kindern über die Lebensweise und das Verhalten des Igels ins Gespräch zu kommen. Wozu braucht ein Igel Stacheln? Ist ein Igel gelenkig? Kann er gut hören oder riechen? Diese und ähnliche Überlegungen entstehen während einer solchen gemeinsamen Betrachtungsrunde.

Die richtige Verbindung der einzelnen Körperteile des Igels mit dem entsprechenden Wortbild ist das Ziel von Station 1. Hierfür benötigen die Kinder eine grundlegende Sachkenntnis, sollten aber auch schon über elementare Lese- und Schreibstrategien verfügen. Ein selbstverständlicher Umgang mit der Anlauttabelle ist für die erfolgreiche Bearbeitung solcher Aufgaben sehr hilfreich, da die Kinder sich über die Anlaute Wortbedeutungen erschließen können.

○ Die Kinder erkennen das Wort und verbinden es mit dem entsprechenden Körperteil des Igels.

▢ Die Kinder ziehen ebenfalls eine Verbindungslinie, hier aber von der Grafik zum Wort. Vorher müssen sie das Wort vervollständigen. Es ist jeweils nur der Anfangsbuchstabe bzw. der Anlaut vorgegeben. Alle vorkommenden Wörter sind unter dem Igelbild aufgelistet.

△ Dieses Lernangebot fordert die Kinder auf, die Bezeichnungen für die Körperteile zu lesen, auf die passende Linie zu schreiben und schließlich mit dem entsprechenden Körperteil zu verbinden.

Zu Station 1 finden Sie zusätzlich oder alternativ dreifach differenzierte Whiteboardfolien inkl. Kontrollfolien auf der CD. Diese Folien eignen sich hervorragend für die Erarbeitung, als optisch herausragende Kontrollstation oder aber auch als didaktische Reserve für Kinder, die ihre Arbeiten bereits erledigt haben. Die Whiteboardfolien sind auch als PDFs auf der CD abgespeichert.

# 1. Didaktische und methodische Überlegungen

### Station 2: Was fressen Igel?

#### Zur Sache

*In der freien Natur frisst der Igel vorwiegend Insekten und deren Larven. Meist ist er auf die Nahrung auf dem Boden und im Gebüsch angewiesen. Schnecken, Würmer, Käfer, Spinnen, kleine Schlangen, Kröten, Eidechsen und Eier von Bodenbrütern stehen auf seiner Speisekarte, mitunter ist der Igel auch ein Aasfresser. Selten frisst er pflanzliche Nahrung wie Pilze oder Beeren.*

*In der Gefangenschaft füttert man Igel mit fett- und eiweißhaltiger Nahrung, die sich im Wesentlichen an der Zusammensetzung natürlicher Nahrung orientiert. Dazu gehören Katzen- oder Hundedosenfutter, Eier (hartgekocht oder als Rührei), Geflügelfleisch (gekocht), gegartes Hackfleisch, Igeltrockenfutter oder Haferflocken. Da Schnecken, Regenwürmer und Insekten Überträger von Innenparasiten sind, sollten bereits geschwächte Igelpfleglinge nicht damit gefüttert werden (vgl. Neumeier 2008).*

#### Tipps

In der Erarbeitungsphase bietet sich die Arbeit mit Fotos und Bildkarten, eventuell auch mit realen Gegenständen an: Schneckenhäuser, Eier, aber auch Spielzeugspinnen, -würmer und -käfer. „Störer" wie Äpfel, Schokolade etc. sollten ebenso vorhanden sein, um die Kinder zum Nachdenken und Überlegen zu animieren.

Auch an dieser Station liegt das Material zum Thema Nahrung des Igels in dreifach differenzierter Form vor. Es handelt sich hierbei sowohl um eine qualitative als auch um eine quantitative Differenzierung.

○ Die Kinder finden im unteren Teil des Arbeitsblattes bildlich dargestellte Nahrung, schneiden sie aus und kleben sie in die Igelgrafik. Es sind zwei „Störer" vorhanden.

▢ Die Aufgabenstellung ist identisch, es sind jedoch 3 „Störer" und ein weiteres Nahrungsmittel vorhanden.

△ Die Bilder sind hier durch acht Wörter ersetzt worden. Auch hier müssen die richtigen Nahrungsmittel gefunden werden, die die Kinder dann selbst in die Igelgrafik schreiben.

Auch zu Station 2 sind drei Whiteboardfolien inkl. Lösungen sowie PDFs der Folien auf der CD zu finden.

### Station 3: Die Feinde des Igels

#### Zur Sache

*Igel haben aufgrund ihres Verhaltens bei Gefahr (Einrollen und Aufstellen der Stacheln) relativ wenige natürliche Feinde. Hierzu zählen Dachse, große Eulenarten, Uhus, Füchse, Marder und Iltisse. Ebenso können Jagdhunde und Katzen für junge und geschwächte Igel eine Bedrohung darstellen.*

*Zum größten Feind des Igels zählt der Mensch mit seinen Errungenschaften. Eingriffe des Menschen in die Natur zerstören zunehmend die Lebensräume für Igel. Allein im Straßenverkehr kommen mehr als 500 000 Igel pro Jahr ums Leben (vgl. Neumeier 2008).*

7

# 1. Didaktische und methodische Überlegungen

## Tipps

Der Bericht über den Fund eines toten Igels regt die Kinder an, Vermutungen über die Todesursache anzustellen. Wer oder was kann dem Igel gefährlich werden? Auch hier bieten Bildkarten den Kindern Orientierungshilfen. Igelgeschichten oder Informationen aus Sachbüchern zum Igel werden von den Kindern sehr interessiert aufgenommen.

Bei Station 3 arbeiten die Kinder am interaktiven Whiteboard. Alternativ stehen die Materialien auch als Arbeitsblätter als Kopiervorlage oder als PDF-Vorlage zur Folienarbeit am Overheadprojektor zur Verfügung. In einer Landschaft sind Tiere zu sehen, ebenso ein Wanderer und ein Auto. Die Erstklässler sollen die Feinde des Igels entdecken und sie am Whiteboard aus der Folie ziehen. Alle anderen Tiere dürfen im Bild bleiben. Die Anzahl der Igelfeinde ist in allen drei Differenzierungsstufen ◯, ▢ und △ identisch, jedoch erhöht sich der „Wimmelfaktor" von Stufe zu Stufe stetig. Neben der Sachkenntnis ist die visuelle Wahrnehmungsfähigkeit gefordert. Auch hier können die Kinder unmittelbar nach ihrer Arbeit ihre Ergebnisse am Whiteboard kontrollieren.

Die gleiche Übung kann auf den differenzierten Arbeitsblättern oder am Overheadprojektor mithilfe ausgedruckter Farbfolien durchgeführt werden. Die Feinde des Igels sollen in dieser Bearbeitungsform eingekreist werden, damit der Igel „gewarnt" wird. Die Kontrollblätter hängen bei den beiden Alternativangeboten an der Kontrollstation. Wenn Sie sich für die Nutzung der Arbeitsblätter entscheiden, sollten Sie vor dem Kopieren der entsprechenden Stationskarte das Piktogramm „Overheadprojektor" abdecken.

### Station 4: Der Igel im Winter

## Zur Sache

*Wenn sich der Igel im Herbst ausreichend Winterspeck angefressen hat und die Temperaturen sinken, sucht er sich einen Unterschlupf, z. B. unter Laubhaufen, Holzstößen und Baumwurzeln, um Winterschlaf zu halten. Der Winterschlaf dauert 5 bis 6 Monate. Die Körpertemperatur des Igels reduziert sich auf 2 bis 6 Grad Celsius. Der Igel atmet dann nur 4- bis 8-mal pro Minute und sein Herz schlägt nur noch 10- bis 20-mal pro Minute. So kann der Igel lebenswichtige Energie einsparen, um den Winter zu überleben (vgl. Neumeier 2008).*

## Tipps

Dass der Igel den Winter verschläft, ist bereits vielen Erstklässlern bekannt. Doch wie und unter welchen Bedingungen dies geschieht, soll in diesem Teil erarbeitet werden. Das gemeinsame Singen und Nachspielen des Igelliedes, das sich genau mit dieser Thematik beschäftigt, bietet sich an dieser Stelle an. Ein Plüschigel kann mit den gesammelten Naturmaterialien zum Winterschlaf gebettet werden. Diese Möglichkeit besteht auch am interaktiven Whiteboard.

An Station 4 setzen die Kinder einen Igel, der sich im Winterschlaf befindet, aus mehreren Puzzleteilen zusammen: ◯ 5 Teile, ▢ 7 Teile, △ 10 Teile. Wir empfehlen Ihnen, das Puzzle vor dem Zerschneiden zu laminieren und Schachteln mit den Bildern ◯, ▢ und △ zu bekleben. Darin können die Puzzleteile aufbewahrt und den Kindern zur Verfügung gestellt werden.

Die Förderschwerpunkte bei dieser Station liegen im Wesentlichen im Bereich der Feinmotorik, der optischen Differenzierung und der Konzentration.

# 1. Didaktische und methodische Überlegungen

### Station 5: Igel-Suchbild

Den Schwerpunkt dieser Station stellt die Förderung der optischen Differenzierung dar. In einer Igelgrafik sollen die Kinder jeweils 10-mal den Groß- und Kleinbuchstaben „I/i" (◯), die Silbe „im" (▢), bzw. das Wort „Igel" (△) finden und einkreisen.

Auch diese Station finden Sie als Whiteboardfolie und als PDF auf der CD.

### Station 6: Igelbuch

Die Schüler stellen an dieser Station ein kleines Faltbuch aus einer 3-fach differenzierten Vorlage her. Bei der leichtesten Variante ◯ spuren die Kinder das I des Wortes „Igel" nach, im mittleren Niveau ▢ soll das Wort „Igel" nachgespurt werden und bei der anspruchsvollsten Variante △ schreiben die Kinder das komplette Wort selbst an die passende Stelle.

Erfahrungsgemäß ist es sinnvoll, mit den Kindern vorab mithilfe unserer Faltanleitung ein solches Faltbüchlein zu basteln, damit sie diese Station weitgehend selbstständig bearbeiten können. An dieser Stelle sind „Experten" aus den eigenen Reihen eine wertvolle Unterstützung. Das Igelbuch wird von den Kindern zum Schluss bunt angemalt. Zu diesem Zweck wurden die Illustrationen extra hell gehalten. Viele Schüler versuchen sich auch schon im Lesen der kleinen Sätze. Die Förderschwerpunkte dieser Station liegen im Bereich der Feinmotorik, Koordination, optischen Differenzierung und des Lesens von Silben und kleinen Wörtern.

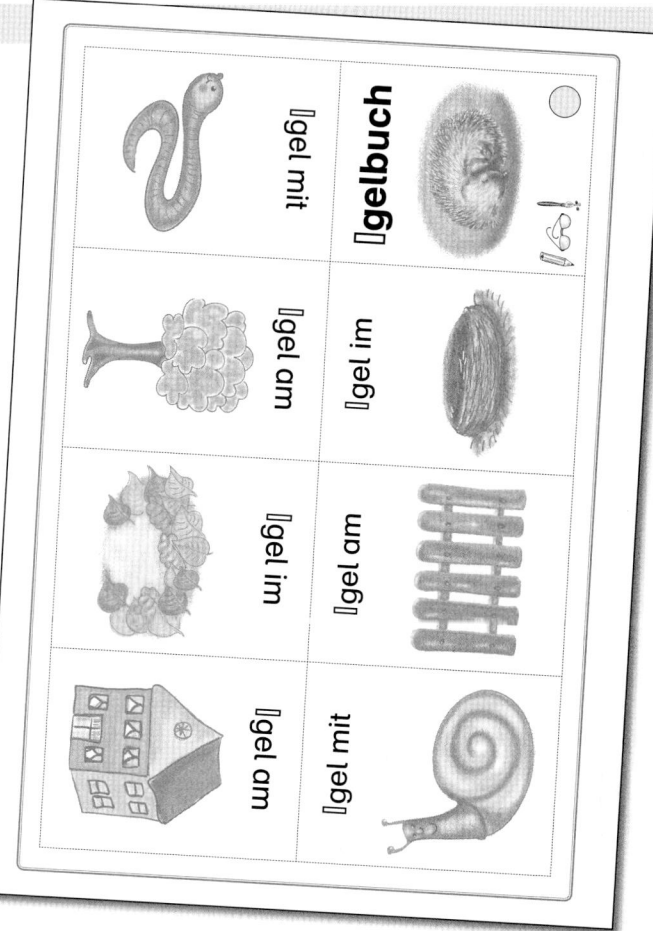

### Station 7: Basteligel

Die Igelvorlage zu diesem Bastelangebot bietet eine Struktur, lässt aber auch einen kreativen Gestaltungsspielraum. Der Igel soll von den Kindern mit kleinen, gerissenen Buntpapierteilchen ausgeklebt werden. Anschließend geben die Schüler dem Igel einen Hintergrund. Das kann ein selbst bemalter Hintergrund sein oder auch ein farbiges Tonpapier. Der Igel wird ausgeschnitten und auf den Hintergrund geklebt. Besonders echt sieht es aus, wenn der Igel eine Haube aus getrockneten Blättern bekommt. Nun steht dem Winterschlaf nichts mehr im Wege.

Bei dieser Station steht die Förderung der Kreativität und der feinmotorischen Fähigkeiten der Kinder im Vordergrund. Das Reißen und Kleben des Papiers erfordert Konzentration und Geduld.

# 1. Didaktische und methodische Überlegungen

## 1.2.4. Reflexion

Erfahrungsgemäß suchen einige Kinder bereits während der Stationsarbeit immer wieder den Kontakt zur Lehrerin, um ein Wort oder einen Satz vorzulesen. Später übernehmen flinke Mitschüler diese Rolle, sodass sich mit der Zeit kleine Lesegruppen zusammenfinden. Nach jeder Stationsarbeitsstunde treffen sich alle Schüler im Kreis, um stolz zu präsentieren, von Erlebnissen während der Arbeit zu berichten oder auch Kritik zu üben und Vorschläge zu machen. Sehr gerne präsentieren einige Kinder in dieser Runde ihre Arbeitsergebnisse. Der Fokus wird noch einmal auf die geleistete Arbeit gelenkt und es wird ein Ausblick auf die folgende Arbeit gegeben.

## 1.3. Zusatzmaterialien

### 1.3.1. Marzipanigel

Unter dem Motto „Lernen mit allen Sinnen" steht u. a. die gemeinsame Herstellung leckerer Marzipanigel. Bei dieser Aufgabe arbeiten jeweils vier Kinder zusammen, indem sie ihren Arbeitsplatz organisieren, die Zutaten aufteilen und sich die Zubereitung entweder erlesen oder über die Fotografien erschließen. Lediglich das Schmelzen der Schokokuvertüre sollte von der Lehrerin vorbereitet werden, damit es später keine „Staus" gibt. Ausgedruckt und auf DIN-A4-Format vergrößert sind die Fotos sehr nützlich für den Einstieg und für die Reflexionsphase am Schluss. Die Farbfotos finden Sie zu diesem Zweck auf der beiliegenden CD. Bevor die leckeren Marzipanigel aufgegessen werden, bringen die Kinder die unsortierten Fotos in die richtige Reihenfolge, um so ihre Arbeit zu reflektieren.

### 1.3.2. Igellied: Kleine Igel schlafen gern

Um kleine Igel, die dem Winterwetter trotzen, indem sie sich in den Winterschlaf begeben, geht es in unserem Igellied. Eine eingängige Melodie motiviert zum Mitsingen und unterschiedliche Gestaltungsvorschläge erleichtern auch fachfremden Kolleginnen die Vorbereitung ihres Musikunterrichts. Für die Kinder steht eine Seite mit dem Text und einem Bild zur Verfügung. Die Lehrerseite enthält die Notation inkl. passender Gitarrengriffe sowie Gestaltungsvorschläge rund um das Igellied. Auf der CD finden Sie zusätzlich eine Audiodatei im mp3-Format. Die Förderschwerpunkte liegen bei diesen Materialien im Bereich der akustischen und taktilen Wahrnehmung, der Rhythmik und der musikalischen Gestaltung.

### 1.3.3. Igel-Fingertheater

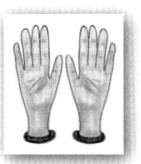

Um zehn kleine Igelkinder, die in einer Scheune schlafen, geht es in unserem kleinen Fingertheater zum Igel. Ein Igelkind nach dem anderen wacht auf, bis nur noch eines in der Scheune ist. Zum Schluss treffen sich alle draußen im Garten. Die Bewegungsabfolge für das Fingertheater ist bildlich neben dem Text dargestellt. Mit dieser Übung unterstützen Sie die phonologische Bewusstheit und die Koordination Ihrer Erstklässler.

# 1. Didaktische und methodische Überlegungen

## 1.4. Einsatz von Materialien und Medien

Um auch die Medienkompetenz der Erstklässler anzubahnen, ist der Einsatz unterschiedlicher Medien erforderlich. Dazu gehören Computer, interaktives Whiteboard, Overheadprojektor, Folien, Folienstifte, eine Lerntheke für aktuelle Materialien, Bücher, Zeitschriften, Poster, Puzzles, Bildmaterialien, Tapetenrollen, gesammelte Schätze aus der Natur u. v. m. Die Vielfalt sollte bewusst groß gehalten werden, denn der flexible Einsatz unterschiedlicher Medien erhält und erhöht die Motivation, außerdem werden die unterschiedlichen Lernbedürfnisse Ihrer Schüler abgedeckt.

## 1.5. Schlussbemerkungen

Die fächerübergreifende Stationsarbeit zum Igel steht am Anfang einer Reihe von Projekten, die im Rahmen der Buchstabenerarbeitung im ersten Schuljahr durchgeführt werden können. Das Thema „Das bin ich" passt zum Ch/ch und umfasst auch Lernbereiche aus dem Religionsunterricht. Beim W/w können zum Thema „Das Wetter" neben dem Sachunterricht zusätzlich Elemente aus dem Musikunterricht einfließen, z. B. das Vertonen einer Wettergeschichte. Ebenso bieten sich Themen wie „Die Biene" (B/b) und „Meine Zähne" (Z/z) an, fächerübergreifend und in der vertrauten Form an sieben Stationen bearbeitet zu werden.[2]

Das fächerübergreifende Lernen an Stationen ist zudem sehr gut mit den Materialien zum „Lesen und Schreiben lernen mit der Tierparade" (Bestellnummern 10174, 10175, 10176, 10177 und 10178, AOL-Verlag) kombinierbar, da die Lernwerkstatt zur Einführung der Buchstaben ähnlich aufgebaut ist und durch den ritualisierten und überschaubaren Ablauf das Anbahnen eines individuellen und selbstgesteuerten Lernens Ihrer Schüler unterstützt.

## Literaturverzeichnis

Klippert, Heinz und Müller, Frank: Methodenlernen in der Grundschule: Bausteine für den Unterricht. Beltz, Weinheim und Basel 2003 (2. Auflage 2004).

Küspert, Petra und Schneider, Wolfgang: Hören, lauschen, lernen. Würzburger Trainingsprogramm zur Vorbereitung auf den Erwerb der Schriftsprache. Vandenhoeck & Ruprecht, Göttingen 1999 (3. Auflage 2001).

Schulze-Oechtering, Regina: Ganzheitliche Sprachförderung durch Musik 1./2. Klasse. Auer Verlag, Donauwörth 2012.

Neumeier, Monika: Igel in unserem Garten. Kosmos Verlag, Stuttgart 2008.

Pro Igel, Verein für integrierten Naturschutz Deutschland e.V.: www.pro-igel.de

www.hamsterkiste.de

---

[2] Diese vier „Erste-Klasse-Projekte" sind ab Januar bzw. Februar 2014 im AOL-Verlag erhältlich.

Name: _____  Klasse: _____

## Stationsarbeit zum Igel

### Laufzettel

| 1 | Der Körper des Igels | | |
|---|---|---|---|
| 2 | Was fressen Igel? | | |
| 3 | Die Feinde des Igels | | |
| 4 | Der Igel im Winter | | |
| 5 | Igel-Suchbild | | |
| 6 | Igelbuch | | |
| 7 | Basteligel | | |

# Station 1
## Der Körper des Igels

# Station 2
## Was fressen Igel?

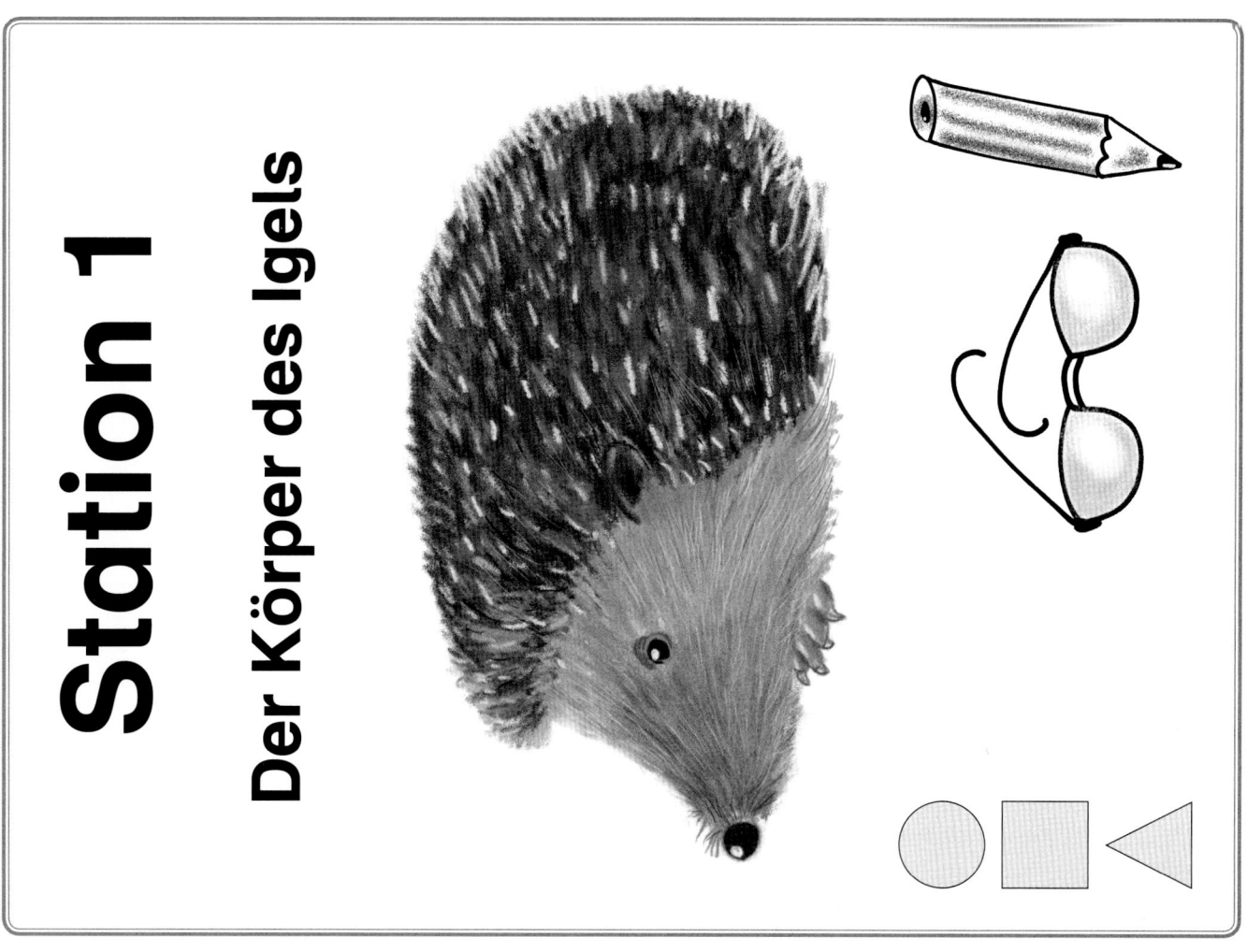

# Station 3
**Die Feinde des Igels**

# Station 3
**Die Feinde des Igels**

# Station 5
## Igel-Suchbild

# Station 4
## Der Igel im Winter

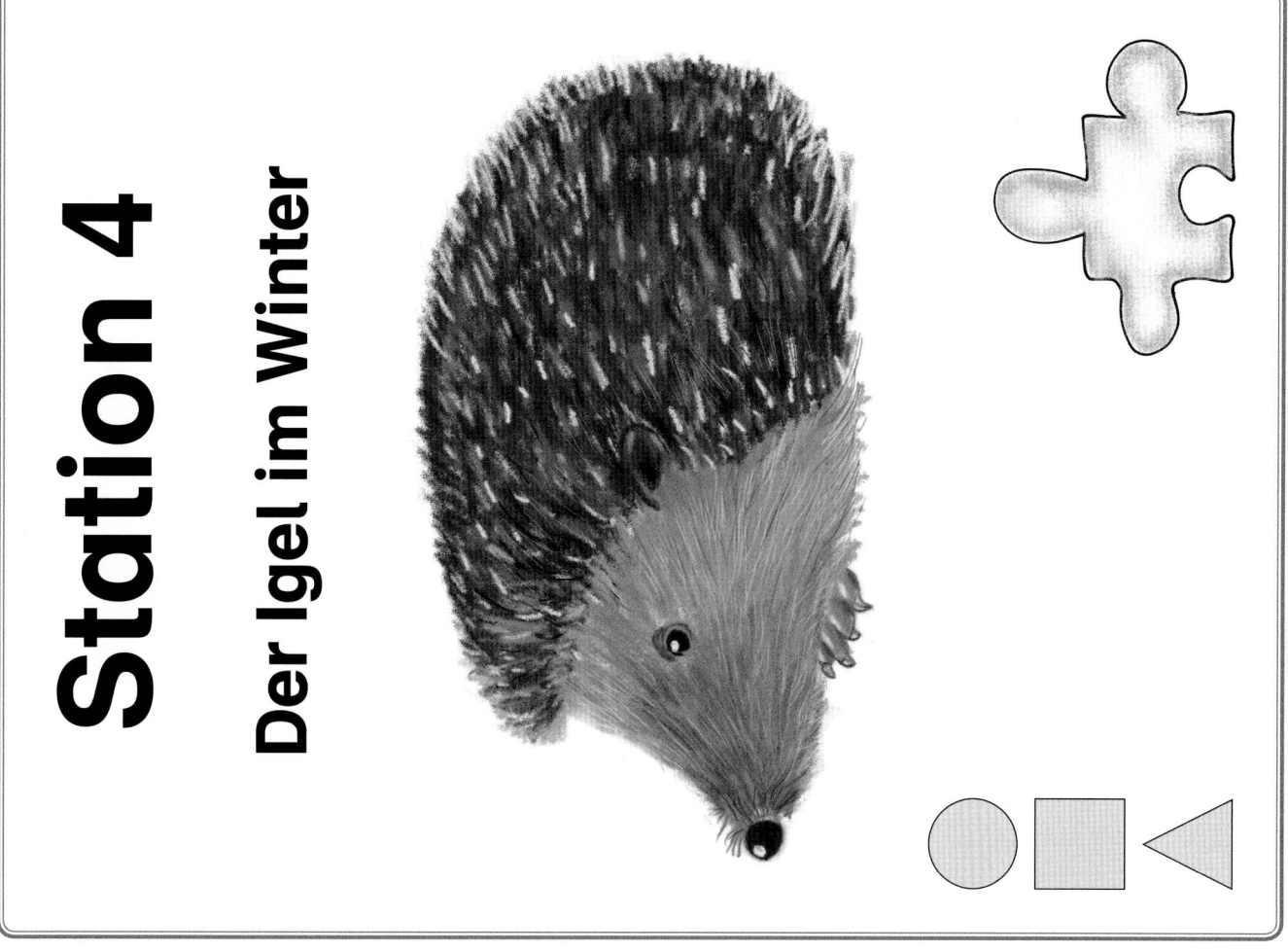

# Station 7
## Basteligel

# Station 6
## Igelbuch

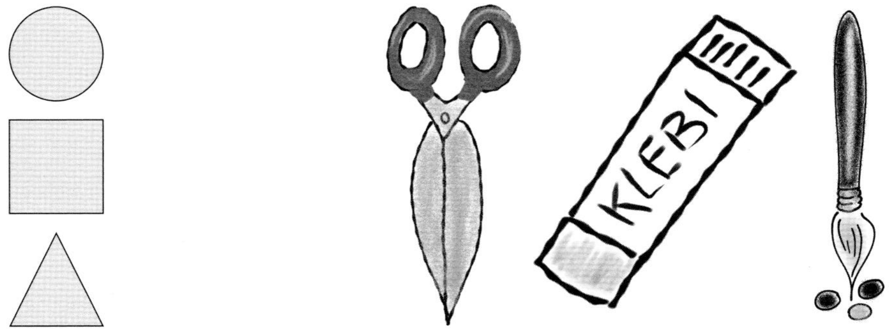

# Igelbuch-Faltanleitung

# Der Körper des Igels

Stacheln

Bauch

Ohr

Beine

Auge

Nase

Schnauze

Der Igel – Station 1

# Der Körper des Igels

St_____

B_____

O_____

B_____

Au_____

Sch_____

N_____

Auge, Beine, Stacheln, Nase, Ohr, Bauch, Schnauze

Der Igel – Station 1

# Der Körper des Igels

Auge, Beine, Stacheln, Nase, Ohr, Bauch, Schnauze

Der Igel – Station 1

# Der Körper des Igels — Kontrolle

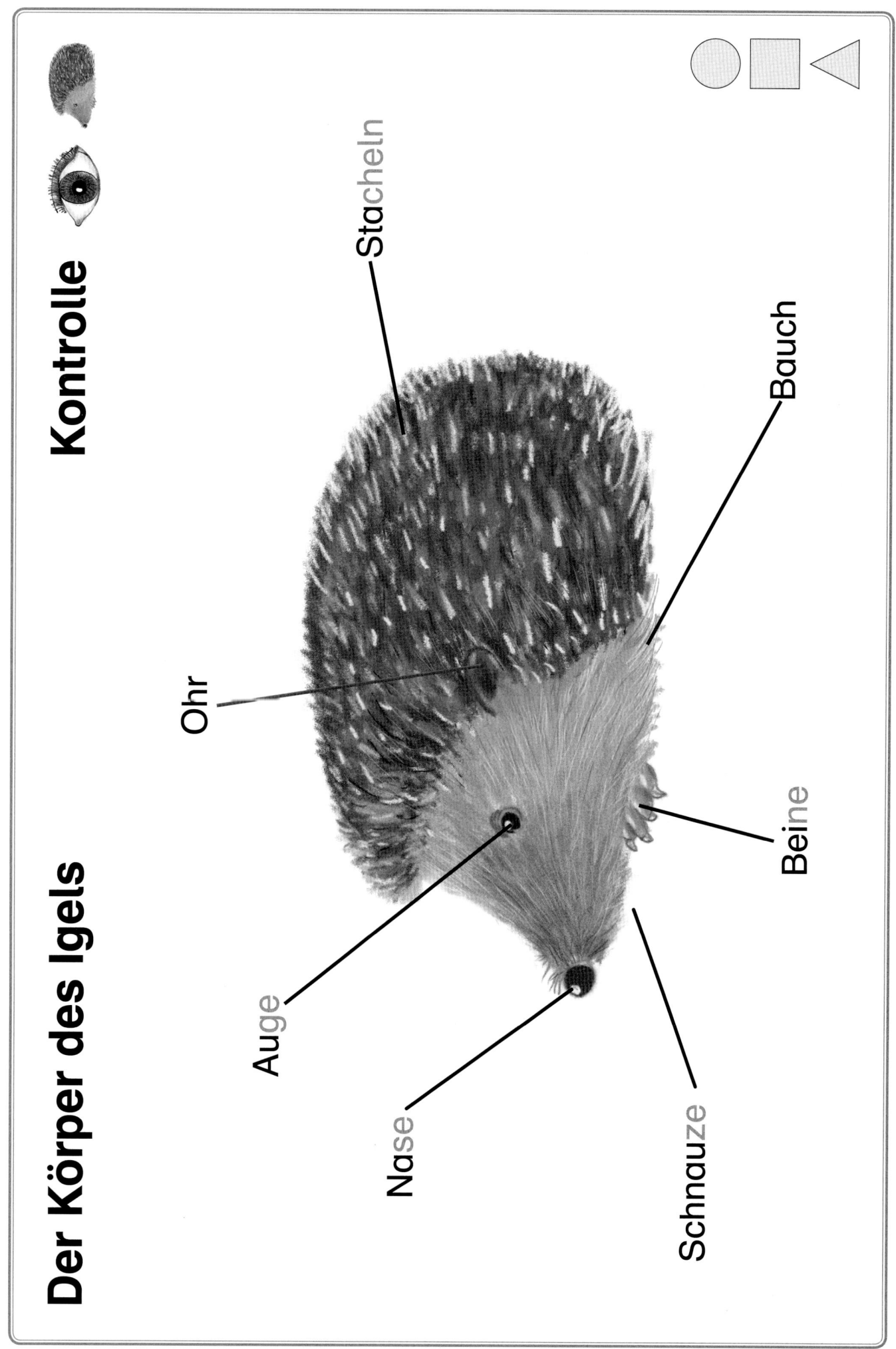

Der Igel – Station 1

# Was fressen Igel?

Schneide aus, was der Igel frisst.
Klebe es in seinen Bauch.

Der Igel – Station 2

# Was fressen Igel?

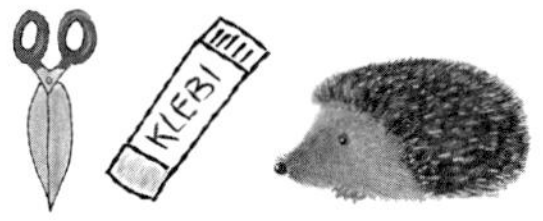

Schneide aus, was der Igel frisst.
Klebe es in seinen Bauch.

Der Igel – Station 2

# Was fressen Igel?

Schreibe in den Bauch des Igels, was er frisst.

---

Ei           Eis           Wurst

Käfer     Raupe     Schnecke

Wurm           Birne

# Was fressen Igel?

**Kontrolle**

- Raupe
- Ei
- Käfer
- Wurm
- Schnecke

Der Igel – Station 2

# Die Feinde des Igels

## Finde 5 Feinde des Igels.

Der Igel – Station 3

# Die Feinde des Igels

Finde 5 Feinde des Igels.

Der Igel – Station 3

# Die Feinde des Igels

Finde 5 Feinde des Igels.

Der Igel – Station 3

# Die Feinde des Igels

## Kontrolle

Finde 5 Feinde des Igels.

Der Igel – Station 3

# Der Igel im Winter

Der Igel – Station 4

# Der Igel im Winter

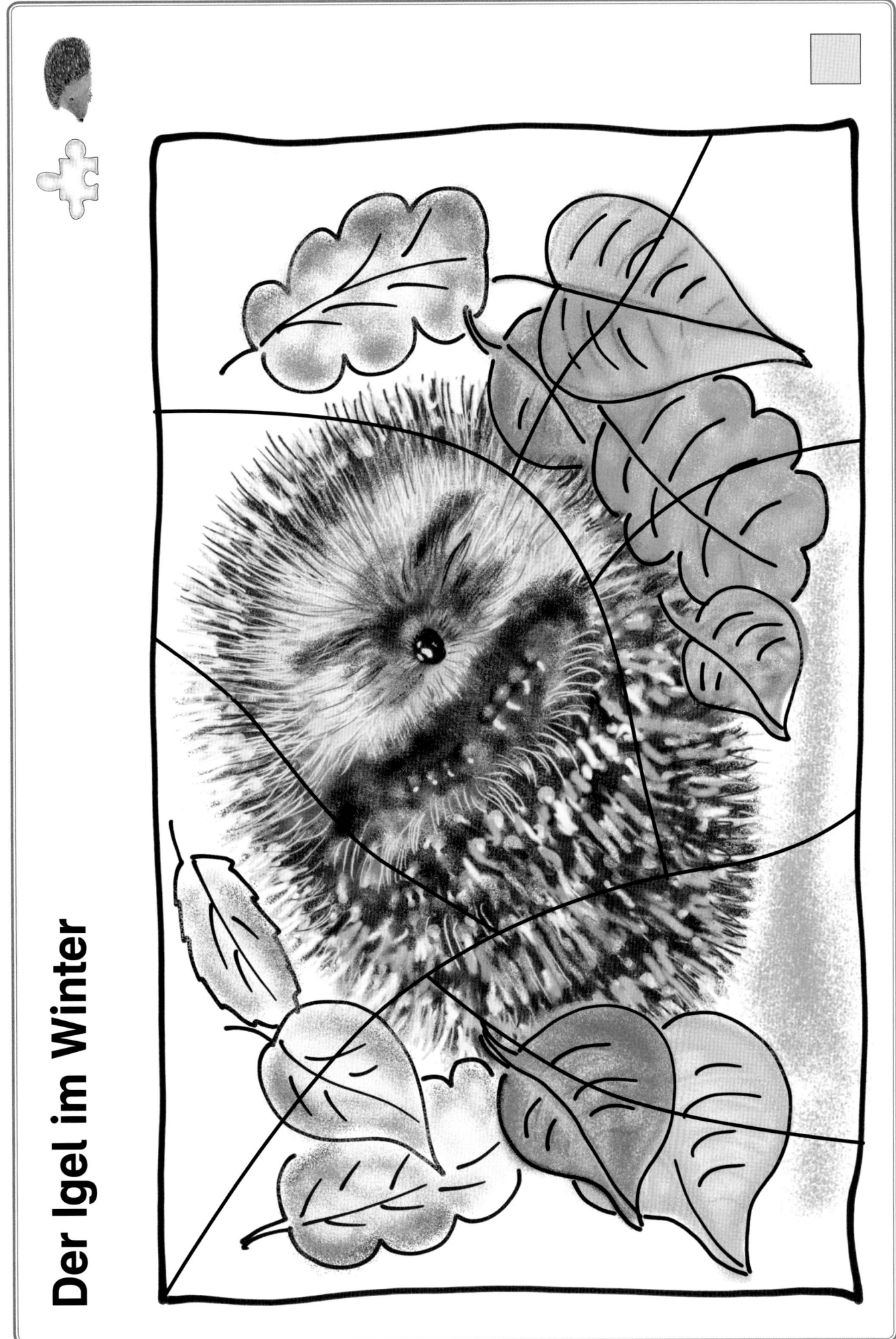

Der Igel – Station 4

# Der Igel im Winter

Der Igel – Station 4

# Der Igel im Winter

## Kontrolle

# Igel-Suchbild

Der Igel – Station 5

# Igel-Suchbild

## Kontrolle

Der Igel – Station 5

# Igel-Suchbild

im

am im um em um om am um im im am om
em im em em um om im im am om
um im um om em im em im am um
am im im um em em im em om
um am um um im im em em om om
im om om em om
am om em
em

Der Igel – Station 5

# Igel-Suchbild

## Kontrolle

Der Igel – Station 5

# Igel-Suchbild

Igel Ifel Izel Ibel
Igel Itel Ijel Ikel Igel Imel
Itel Isel Izel Ifel Imel
Ifel Idel Igel Isel Ivel Imel Igel
Inel Ifel Igel Imel Isel Igel Isel
Ikel Igel Imel Isel Ibel Ixel Ilel Ipel
Ijel Igel Ifel Idel Igel Ikel Isel
Ikel Idel Igel Isel Ipel Ibel

Der Igel – Station 5

# Igel-Suchbild

## Kontrolle

Igel Ifel Izel Ibel
Igel Itel Ijel Ikel Igel Imel
Itel Isel Izel Ifel Imel
Ifel Idel Igel Isel Ivel Imel Igel Isel
Inel Ifel Igel Imel Isel Ibel Ixel Ilel Isel
Ikel Igel Imel Isel Ifel Ipel Idel Ikel Isel
Ijel Igel Ifel Ipel Idel Isel Ipel Ibel
Ikel Idel Igel Isel Ipel Ibel

Der Igel – Station 5

**Igelbuch**

Igel mit

Igel im

Igel am

Igel am

Igel im

Igel mit

Igel am

Der Igel – Station 6

# Igelbuch

Igel mit

Igel im

Igel am

Igel am

Igel im

Igel am

Igel mit

Igel mit

Der Igel – Station 6

# Igelbuch

— mit

— im

— am

— am

— im

— am

Der Igel – Station 6

42

# Basteligel

1. Sammelt gemeinsam Blätter.
2. Presst und trocknet sie.
3. Schneidet die Igelvorlage aus.
4. Klebt den Igel mit kleinen, gerissenen Buntpapierteilchen aus.
5. Klebt den Igel auf einen grünen Hintergrund.
6. Baut (Klebt) dem Igel aus Blättern ein Nest.

Der Igel – Station 7

# Marzipanigel

Gruppenarbeit mit 4 Kindern (Dauer: ca. 45 Minuten)

**Ihr benötigt:** 200 g Marzipanrohmasse
100 g Schokokuvertüre
Mandelstifte
kleine Schokokugeln
Pinsel

**Zubereitung:**

1. Teilt die Marzipanrohmasse in 4 gleiche Teile.

2. Formt mit nassen Händen eine Kugel aus dem Marzipan.

3. Mit den Fingern formt ihr eine spitze Schnauze.

# Marzipanigel

4. Taucht das runde Hinterteil in flüssige Schokolade.

5. Steckt Mandelspitzen als Stacheln in den Körper.

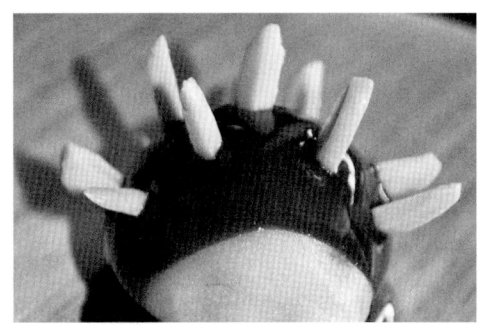

6. Tupft dem Igel mit einem Pinsel Schokolade an die Nasenspitze.

7. Setzt dem Igel 2 Augen aus kleinen Schokokugeln ins Gesicht.

**Fertig!**

*Igellied*

# Kleine Igel schlafen gern

Melodie: Volkslied

1. Kleine Igel schlafen gern den ganzen Winter lang. (2×)
   Wenn sie Regen hören, kann sie das nicht stören,
   denken: „Was soll das schon sein?" und schlafen wieder ein.

2. Kleine Igel schlafen gern den ganzen Winter lang. (2×)
   Wenn sie Sturmwind hören, kann sie das nicht stören,
   denken: „Was soll das schon sein?" und schlafen wieder ein.

3. Kleine Igel schlafen gern den ganzen Winter lang. (2×)
   Wenn sie Donner hören, kann sie das nicht stören,
   denken: „Was soll das schon sein?" und schlafen wieder ein.

4. Kleine Igel schlafen gern den ganzen Winter lang. (2×)
   Wenn sie Schneefall hören, kann sie das nicht stören,
   denken: „Was soll das schon sein?" und schlafen wieder ein.

Text von Klaus W. Hoffmann © Aktive Musik Verlagsgesellschaft mbH, Dortmund.

# Igellied – Lehrerseite

## Kleine Igel schlafen gern

Melodie: Volkslied

2. Kleine Igel schlafen gern den ganzen Winter lang. (2)
   Wenn sie Sturmwind hören, kann sie das nicht stören,
   denken: „Was soll das schon sein?" und schlafen wieder ein.

3. Kleine Igel schlafen gern den ganzen Winter lang. (2)
   Wenn sie Donner hören, kann sie das nicht stören,
   denken: „Was soll das schon sein?" und schlafen wieder ein.

4. Kleine Igel schlafen gern den ganzen Winter lang. (2)
   Wenn sie Schneefall hören, kann sie das nicht stören,
   denken: „Was soll das schon sein?" und schlafen wieder ein.

Die Audiodatei „Kleine_Igel_schlafen_gern.mp3" finden Sie auf der CD.
Text von Klaus W. Hoffmann © Aktive Musik Verlagsgesellschaft mbH, Dortmund.

### Gestaltungsvorschläge zum Igellied

- Texterarbeitung durch rhythmisches Vor- und Nachsprechen des Textes, Inhalt nacherzählen lassen, szenische Darstellung dazu
- Wettersituationen mit Bildkarten visualisieren und mit Worten beschreiben lassen
- musikalische Gestaltung mit der Stimme, mit Handtrommeln und auf dem Rücken eines Partners erproben
  Vorschläge:
  – Regen: mit allen Fingern klopfen
  – Sturmwind: mit der flachen Hand reiben
  – Donner: mit der flachen Hand schlagen
  – Schneefall: mit einzelnen Fingerkuppen tupfen
- Melodieerarbeitung möglichst mit Begleitinstrument (z. B. Gitarre) in drei Sinnabschnitten (siehe Reihen in der Notation)
- kreative Bastelarbeit zum Igel als Collage (siehe Bastelgel)
- Übung zur akustischen Wahrnehmung mit dem Bastelgel (vor dem Aufkleben auf den Hintergrund): Jedes Kind bekommt fünf Klammern. Die Lehrerin schlägt für die Kinder unsichtbar unterschiedlich oft auf eine Handtrommel, für jeden Schlag stecken die Kinder eine Klammer als großen Stachel an den Igel.

# Igel-Fingertheater

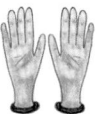 Zehn kleine Igelkinder schlafen in der Scheun',
eines niest ganz plötzlich laut, da schlafen nur noch neun.

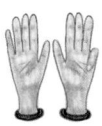 Neun kleine Igelkinder sind noch nicht erwacht,
eines macht die Augen auf, da schlafen nur noch acht.

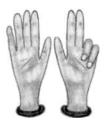 Acht kleine Igelkinder sind echt zum Verlieben,
eines kriecht zur Türe raus, da schlafen nur noch sieben.

 Sieben kleine Igelkinder liegen eng auf einem Klecks,
eines ist davongerollt, da schlafen nur noch sechs.

 Sechs kleine Igelkinder tragen keine Strümpf',
eines hat jetzt kalte Füß', da schlafen nur noch fünf.

 Fünf kleine Igelkinder schlummern dort vor dir,
eines hört den Uhuruf, da schlafen nur noch vier.

 Vier kleine Igelkinder träumen Allerlei,
eines hat genug geträumt, da schlafen nur noch drei.

 Drei kleine Igelkinder träumen vom Osterei,
eines will es suchen geh'n, da schlafen nur noch zwei.

 Zwei kleine Igelkinder schlafen fest, so scheint's,
eines streckt sich langsam aus, nun schläft dort nur noch eins.

 Ein kleines Igelkind will nicht alleine warten,
da läuft es zu den anderen in den schönen Garten.

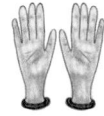 Zehn kleine Igelkinder zählt die Igelmama,
da freut sie sich, da freut sie sich, es sind wieder alle da.

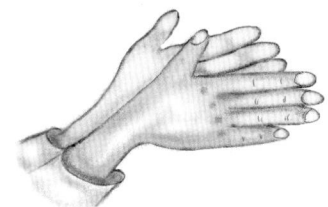